Präludien
Preludes
Préludes

40 Klavierstücke aus 5 Jahrhunderten
40 Piano Pieces from 5 Centuries
40 Morceaux de piano de 5 siècles

Herausgegeben von / Edited by / Édité par
Monika Twelsiek

ED 23405
ISMN 979-0-001-21249-6
ISBN 978-3-7957-2312-5

Cover:
Ulisse Caputo (1872–1948)
Die Klavierspielerin / The Piano Player (Paris 1913)
© Heritage Images/Fine Art Images/akg-images

www.schott-music.com

Mainz · London · Madrid · Paris · New York · Tokyo · Beijing
© 2021 Schott Music GmbH & Co. KG, Mainz · Printed in Germany

Inhalt / Contents / Contenu

Vorwort

Ein *Präludium* (wörtlich übersetzt: „Vor-Spiel"), auch *Praeludium, Prélude, Preludio, Prelude*, ist ein formal freies, einsätziges Instrumentalwerk mit eröffnendem Charakter. Eine *„fragend ins Unendliche deutende Kurzform"*[1] nennt es in seiner Betrachtung über Chopin Theodor W. Adorno.

Die Idee, einen längeren Vortrag durch ein inspirierendes kurzes Vorspiel einzuleiten, die Zuhörer einzustimmen und neugierig auf das Folgende zu machen, ist sehr alt. Schon zur Zeit der Antike leitete ein „Prooimion", eine kurze Hymne, die Epen der griechischen Rhapsoden ein. *Proömien* (auch *Präambeln, Präludien, Fantasien*) für Orgel oder ein Klavierinstrument schrieb – im Zuge der humanistischen Rückbesinnung auf die Antike – um 1520 der Renaissancekomponist und Organist Hans Kotter.

Der improvisatorische Charakter, entstanden aus dem Probleren eines Instruments oder der Einführung in eine Tonart, ist typisch für das Präludium bis in die Barockzeit hinein. Oft wurden Präludien in Gestalt von Akkordketten mit dem Vermerk „arpeggio" in ganzen Noten notiert, um den Spielern Raum für die individuelle Ausgestaltung und Verzierung zu lassen. Vor allem für Laute und Tasteninstrumente entstanden formal freie Werke aus Akkorden oder Akkordzerlegungen, Laufwerk und imitatorischen Teilen. Die Grenzen zur Fantasie und Toccata sind fließend. Improvisierend, „prä-ludierend" wird der Komponist buchstäblich zum „homo ludens", er verwirklicht sich im „Spiel".

Nach einer ersten Blütezeit im Frühbarock führte Johann Sebastian Bach die Gattung „Präludium" zur künstlerischen Vollendung. Bachs „Kleine Präludien", kurze eigenständige Werke für den Unterricht, sind Meisterwerke. Im „Wohltemperierten Klavier" verbindet er konsequent das freie Präludium mit der streng gebauten Fuge. Die Polarität von „freiem" und „gebundenem" Stil ist dabei von besonderem ästhetischem Reiz.

Im 19. und 20. Jahrhundert erhält das Präludium, nun als fantasieartiges selbstständiges Instrumentalstück, eine neue Bedeutung. Die *Préludes* Chopins, Debussys, Skrjabins und Rachmaninoffs lösen sich von der Idee des „Vor-spiels" und stellen jeweils einen eigenen Kosmos dar: In den *24 Préludes* op. 28 von Frédéric Chopin finden sich Liedformen, Etüden, Nocturnes, eine Mazurka, ein Trauermarsch. (Nur die Systematik in der Folge der Tonarten erinnert noch an Johann Sebastian Bach.) Die Vielfalt der impressionistischen Klangbilder in den *Préludes* von Claude Debussy widersetzt sich jeder Systematisierung. Neu sind die – nachgestellten – programmatischen Titel: Natur- und Landschaftsbilder, mythologische Gestalten, Zitate aus der Poesie, Porträts.

Eine klingende Geschichte der Gattung „Präludium" bietet dieses Heft. Den Schluss bilden Präludien mit den neuen Farben der Jazz-Pop-Stilistik. Nikolai Kapustin setzt die russische Tradition Skrjabins und Rachmaninoffs fort. Mit dem „Interlude" aus dem Zyklus „Let's swing Mr. Bach!" huldigt Eduard Pütz dem großen Vorbild Johann Sebastian Bach und schließt damit perfekt den Bogen unserer Sammlung.

Monika Twelsiek

---

[1] „Die Préludes sind – neben den „Kinderszenen" Robert Schumanns – wegen ihres fragmentarischen Charakters, ihrer „fragend ins Unendliche deutenden Kurzform" bemerkenswert und stellen eine Neuerung dar, ohne die Anton Weberns expressionistische Miniaturen oder Arnold Schönbergs op. 19 nur schwer denkbar sind." (Theodor W. Adorno: *Einleitung in die Musiksoziologie*, Kapitel 4: Klassen und Schichten, in: Gesammelte Schriften, Band 14, S. 243)

Preface

A Prelude (from latin *prae* = before, and *ludus* = play/game) or *Praeludium*, *Prélude*, *Preludio* is a freely structured single-movement instrumental piece with an introductory function. Theodor W. Adorno, in his observations about Chopin, called it a 'short form that hints at infinity'. [1]

It is a very old idea to lead into a more substantial performance with an interesting short introductory piece to catch the attention of an audience and make them eager to hear what is to follow. In classical antiquity a *Prooimion*, a short hymn or anthem, served as an introduction to the epic Greek Rhapsodies. Renaissance composer and organist Hans Kotter wrote *Prooimia* (also called *Introduction*, *Prelude* or *Fantasia*) for organ or a keyboard instrument in about 1520, at a time when humanists were looking back to classical antiquity.

An improvisatory style developed from trying out an instrument or establishing a key is typical of the Prelude up to the Baroque era. Preludes were often presented with chord sequences marked '*arpeggio*' and written as semibreves, so as to allow players scope for individual interpretation and ornamentation. Pieces free in form based on chords or broken chords, sequences of running notes and imitation were composed above all for the lute and keyboard instruments; similar features and structure can be found in pieces with the title *Fantasia* or *Toccata*. Improvising and working out a *pre-lude*, the composer literally becomes a *homo ludens*, expressing themselves through playing.

After its first flowering in the early Baroque era, Johann Sebastian Bach perfected the genre and art of the Prelude. Bach's 'Little Preludes' are masterly short independent pieces for teaching purposes. In the 'Well-tempered Clavier' he combined the freely structured Prelude with the strict form of the Fugue: this contrast between free and strict forms is a particular aesthetic delight.

In the 19th and 20th Centuries the Prelude took on a new significance as an independent instrumental piece. *Préludes* by Chopin, Debussy, Skrjabin and Rachmaninoff move away from the idea of an introductory piece and each create their own world. In *24 Préludes* op. 28 by Frédéric Chopin there are song forms, études, nocturnes, a mazurka and a funeral march; only the progression in the sequence of keys still recalls Johann Sebastian Bach. The range of impressionistic sound pictures in the *Préludes* by Claude Debussy defies any categorisation. Programmatic titles subsequently added are an innovation: images from nature and landscapes, mythological figures, poetic quotations and portraits.

This book offers a musical history of the genre of the Prelude, ending with preludes in the new colours and styles of jazz and pop. Nikolai Kapustin takes up the Russian tradition of Skrjabin and Rachmaninoff. With the Interlude from the cycle 'Let's swing Mr Bach!', Eduard Pütz pays homage to the great master Johann Sebastian Bach and thus brings our collection to a fitting close.

Monika Twelsiek
Translation Julia Rushworth

---

[1] "These *Préludes* – alongside Robert Schumann's *Kinderszenen* – are notable as a 'short form that hints at infinity' and represent an innovation without which Anton Webern's expressionistic miniatures or Arnold Schoenberg's op. 19 are almost inconceivable." Theodor W. Adorno, *Einführung in die Musiksoziologie* (Introduction to the Sociology of Music) in his collected writings, vol. 14, p. 243

Préface

Un prélude (du latin *prae* = avant, et *ludus* = jeu) ou *Praeludium*, *Prelude*, *Preludio*, est une œuvre instrumentale composée d'un mouvement unique, librement structurée, au caractère introductif. Dans ses réflexions sur Chopin, Theodor W. Adorno en parle comme d'une « forme courte interrogative tendant vers l'infini »[1].

Commencer une prestation par une brève séquence d'introduction destinée à préparer les auditeurs et les rendre curieux de ce qui va suivre est une idée très ancienne. Dès l'Antiquité, un hymne court, le « prooimion », introduisait les épopées des rhapsodes grecs. Vers 1520, époque à laquelle les humanistes se référaient volontiers à l'Antiquité, le compositeur et organiste allemand de la Renaissance Hans Kotter écrivait des *proêmes* (aussi *préambules, préludes, fantaisies*) pour orgue ou instrument à clavier.

Issu des pratiques utilisées lors de l'essai d'un instrument ou pour introduire une nouvelle tonalité, et évoquant largement l'improvisation, le style est caractéristique du prélude jusqu'à la période baroque. Les préludes étaient souvent notés sous forme d'enchaînements d'accords sur des valeurs de rondes, assortis de la mention « arpeggio » afin de laisser aux musiciens la possibilité d'élaborer leur interprétation et leur ornementation personnelles. Il en résultait des œuvres d'une grande liberté formelle, principalement pour le luth et les instruments à clavier, composées d'accords ou d'arpèges, de traits rapides et de passages en imitation, caractéristiques partagées avec la fantaisie et la toccata. En improvisant, en « préludant », le compositeur devient littéralement « homo ludens », il se réalise « en jouant ».

Après une première période d'épanouissement de ce genre au début de l'ère baroque, Jean Sébastian Bach porta l'art du prélude à sa perfection. Les « Petits préludes » de Bach, courtes œuvres indépendantes destinées à l'enseignement, sont de véritables chefs-d'œuvre. Dans « Le Clavier bien tempéré », il allie systématiquement la liberté structurelle du prélude à la construction stricte de la fugue. Cette polarité des styles « libre » et « contraint » confère à ces œuvres un attrait esthétique tout particulier.

Au cours des 19ᵉ et 20ᵉ siècles, le prélude connaît une nouvelle mutation en tant que pièce instrumentale indépendante, proche de la fantaisie. Les préludes de Chopin, Debussy, Scriabine et Rachmaninov s'affranchissent de l'idée d'une « pièce introductive » et constituent chacun un univers à part entière : les *24 Préludes* opus 28 de Frédéric Chopin comprennent des formes lied, des études, des nocturnes, une mazurka, une marche funèbre. (Seul le systématisme dans la séquence des tonalités rappelle encore Jean Sébastien Bach). La variété des images sonores impressionnistes des *Préludes* de Claude Debussy défie toute systématisation. Les titres descriptifs – donnés *a posteriori* –, scènes de la nature et paysages, figures mythologiques, citations poétiques, portraits, constituent une nouveauté.

Ce recueil propose une histoire, en musique, du genre du « prélude ». Des préludes aux nouvelles couleurs jazz-pop en constituent la conclusion. Nikolaï Kapustin s'inscrit dans la tradition russe de Scriabine et Rachmaninov tandis qu'avec l'« Interlude » du cycle « Let's swing Mr. Bach ! », Eduard Pütz rend hommage au grand maître qu'était Jean Sébastien Bach et clôt ainsi parfaitement notre parcours.

Monika Twelsiek
Traduction Michaela Rubi

---

[1] « À l'instar des « Scènes d'enfants » de Robert Schumann, ces préludes se distinguent par leur caractère fragmentaire, leur « forme interrogative courte tendant vers l'infini », et constituent une innovation sans laquelle les miniatures expressionnistes d'Anton Webern ou l'op. 19 d'Arnold Schoenberg seraient presque inconcevables », Theodor W. Adorno : *Einführung in die Musiksoziologie* (Introduction à la sociologie de la musique), chapitre 4, in : *Gesammelte Schriften*, vol. 14, p. 243.

Praeludium harpeggiato
C-Dur / C major / Ut majeur

Johann Kaspar Ferdinand Fischer
ca.1656–ca.1746

aus / from / de: J. K. F. Fischer, Musikalischer Parnassus, Schott ED 6254

Präludium
G-Dur / G major / Sol majeur

Johann Kuhnau
1660–1722

aus / from / de: J. Kuhnau, Neue Clavier-Übung I/5

Troisième Prélude
g-Moll / G minor / Sol mineur

François Couperin
1668–1733

aus / from / de: F. Couperin, L'art de toucher le clavecin

Prélude
G-Dur / G major / Sol majeur

Georg Friedrich Händel
1685–1759

aus / from / de: G. F. Händel: Prélude et Chaconne G-Dur HWV 442

Präludium
F-Dur / F major / Fa majeur
BWV 927

Johann Sebastian Bach
1685–1750

Präludium
C-Dur / C major / Ut majeur
BWV 933

Johann Sebastian Bach

a)

Präludium
e-Moll / E minor / Mi mineur
BWV 938

Johann Sebastian Bach

Präludium
d-Moll / D minor / Ré mineur
BWV 927

Johann Sebastian Bach

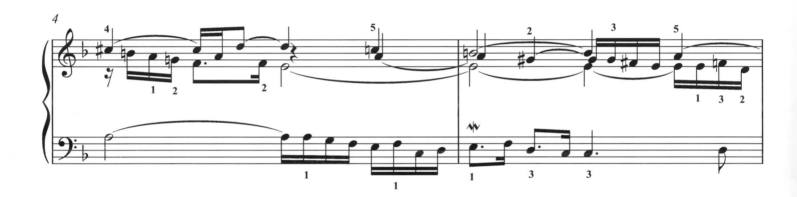

Präludium
e-Moll / E minor / Mi mineur
BWV 941

Johann Sebastian Bach

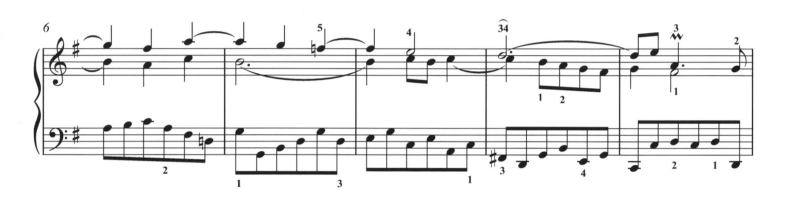

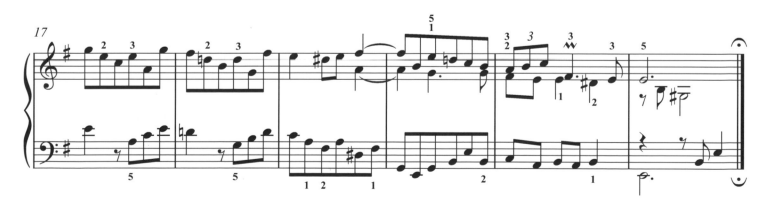

Präludium
c-Moll / C minor / Ut mineur
BWV 999

Johann Sebastian Bach

Präludium No. 1
C-Dur / C major / Ut majeur
BWV 846

Johann Sebastian Bach

aus / from / de: J. S. Bach, Das Wohltemperierte Klavier I

Präludium No. 21
B-Dur / B♭ major / Si♭ majeur
BWV 866

Johann Sebastian Bach

aus / from / de: J. S. Bach, Das Wohltemperierte Klavier I

*) In einer der Handschriften steht hier „*Adagio*" / In one of the manuscripts this is marked "*Adagio*" /
   Dans un des manuscrits se trouve ici «*Adagio*»

Prelude
c-Moll / C minor / Ut mineur

Johann Nikolaus Tischer
1707–1774

aus / from / de: Johann Nikolaus Tischer, Sechs leichte und dabei angenehme Clavier-Partien jungen Anfängern zur Übung
aufgesetzt, Partie II/4

Prélude
C-Dur / C major / Ut majeur

Henri Bertini
1798–1876

aus / from / de: H. Bertini, 12 kleine Klavierstücke und Präludien / 12 little Piano Pieces and Preludes (No. 2)

Prélude
F-Dur / F major / Fa majeur

Andante

Henri Bertini

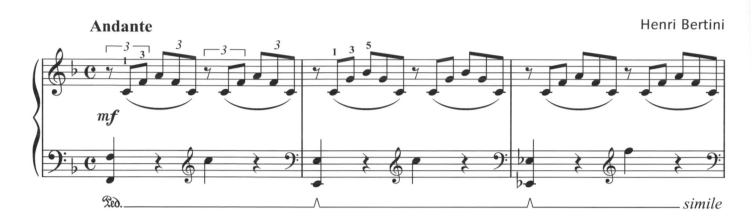

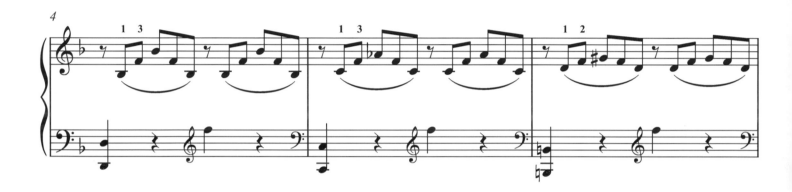

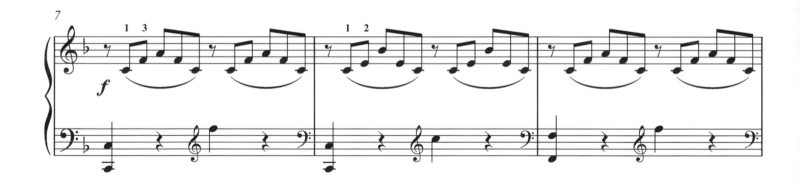

aus / from / de: H. Bertini, 12 kleine Klavierstücke und Präludien / 12 little Piano Pieces and Preludes (No. 10)

Prélude
e-Moll / E minor / Mi mineur

Frédéric Chopin
1810–1849

aus / from / de: 24 Préludes op. 28, No. 4

Prélude
h-Moll / B minor / Si mineur

Frédéric Chopin

Lento assai

© 2021 Schott Music GmbH & Co. KG, Mainz

aus / from / de: 24 Préludes op. 28, No. 6

Prélude
A-Dur / A major / A majeur

Frédéric Chopin

aus / from / de: 24 Préludes op. 28, No. 7

Prélude
Des-Dur / D♭ major / Ré♭ majeur
(„Regentropfen" / "Raindrop")

Frédéric Chopin

© 2021 Schott Music GmbH & Co. KG, Mainz

aus / from / de: 24 Préludes op. 28, No. 15

Prélude
c-Moll / C minor / Ut mineur

Frédéric Chopin

aus / from / de: 24 Préludes op. 28, No. 20

Prélude pour Mademoiselle Lili
op. 119/10

Stephen Heller
1813–1888

Theodor Kirchner gewidmet

Prélude
A-Dur / A major / La majeur
op. 150/10

Stephen Heller

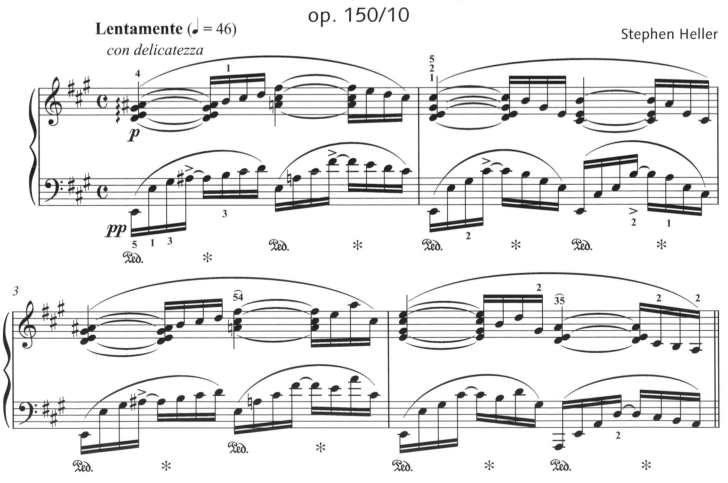

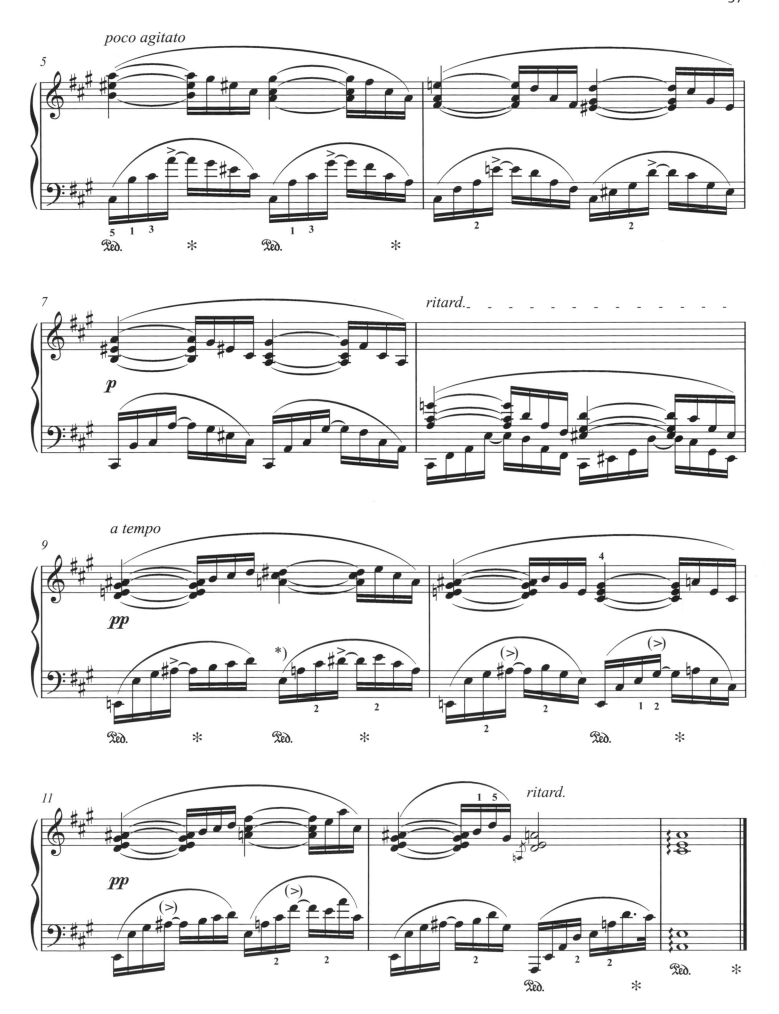

Präludium
C-Dur / C major / Ut majeur
op. 65/1

Theodor Kirchner
1823–1903

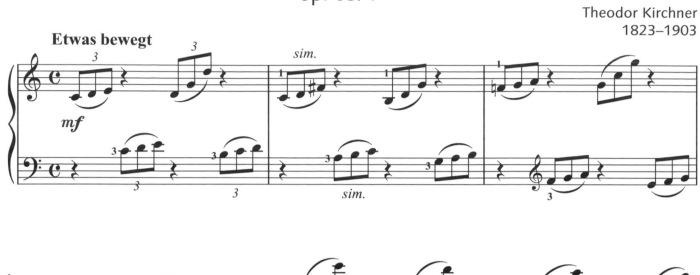

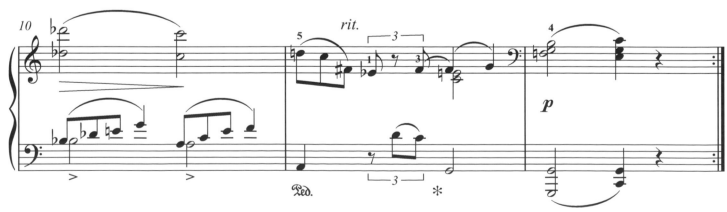

aus / from / de: Th. Kirchner, 60 Präludien op. 65

Präludium
C-Dur / C major / Ut majeur
op. 65/3

Theodor Kirchner

aus / from / de: Th. Kirchner, 60 Präludien op. 65

Präludium
C-Dur / C major / Ut majeur
op. 65/5

Theodor Kirchner

aus / from / de: Th. Kirchner, 60 Präludien op. 65

Des pas sur la neige
Préludes I, No. 6

Claude Debussy
1862–1918

In der Originalausgabe der Préludes stehen die Titel immer am Ende des Stückes.
In the orinal edition of the Préludes the titles are given at the end of each piece.
*) Dieser Rhythmus soll den Klangcharakter einer traurigen und vereisten Landschaft haben.
   This rhythm should sound like a sad landscape, covered with ice.

*) Wie ein zartes, trauriges Bedauern / Like a sweet sad regret

La Fille aux cheveux de lin
Préludes I, No. 8

Très calme et doucement expressif (♩ = 66)

Claude Debussy

mouvᵗ. sans lourdeurs

cédez

très doux

cédez   au mouvᵗ.

perdendo

Minstrels
Préludes I, No. 12

Modéré, *nerveux et avec humour*

Claude Debussy

Très «neuf heures du matin»
Ricardo Viñes

Véritables préludes flasques
(pour un chien)

I Sévère réprimande

Erik Satie
1866–1925

II Seul à la maison

avec tristesse

Erik Satie

III On joue

Erik Satie

Prélude
op. 9/1
(pour la main gauche)

Alexander Skrjabin
1872–1915

Prélude *)
op. 9/1

Alexander Skrjabin

*) Fingersatz für Klavier zweihändig / fingering for piano 2 hands von / by Monika Twelsiek

Prélude
op. 11/4

Alexander Skrjabin

aus / from / de: A. Skrjabin, 24 Préludes op. 11

Prélude
op. 11/10

Alexander Skrjabin

aus / from / de: A. Skrjabin, 24 Préludes op. 11

Prélude
op. 11/23

Alexander Skrjabin

aus / from / de: A. Skrjabin, 24 Préludes op. 11

Prélude
op. 3/2

Sergej Rachmaninoff
1873–1943

Aus wendetechnischen Gründen bleibt diese Seite frei.
This page is left blank to save an uncomfortable page turn.

Prelude No. 3

George Gershwin
1898–1937

Allegro ben ritmato e deciso (♩ = 116)

aus / from / de: G. Gershwin, 3 Preludes for Piano, Schott ED 09809

Interlude

Eduard Pütz
1911–2000

aus / from / de: E. Pütz, Let's swing, Mr. Bach!, Schott ED 8003

in memoriam Eduard Pütz

Pop Prelude

Rainer Mohrs
*1953

Jazz Prelude No. 4

Nikolai Kapustin
1937–2020

aus / from / de: N. Kapustin, 24 Jazz Preludes op. 53, Schott ED 22657
*) Diese Akkorde können arpeggiert werden. / Such chords may be played arpeggiando.